AF554749

CONSULTATION

POUR

M^r. ISAMBERT.

CONSULTATION

LE CONSEIL SOUSSIGNÉ,

Qui a suivi tous les débats du procès de Me. Isambert, devant le tribunal de police correctionnelle de Paris, et lu attentivement le jugement rendu le 23 décembre dernier par ce tribunal;

Est d'avis, que ce jugement doit être infirmé, comme consacrant une doctrine entièrement opposée aux lois et aux principes du droit.

Après une lutte judiciaire où nos lois ont été si profondément commentées et nos libertés si éloquemment défendues, le soussigné pensait que de nouveaux argumens étaient aussi difficiles à imaginer, qu'inutiles à produire; mais le jugement du 23 décembre, en prouvant que la conviction n'avait pas pénétré dans toutes les consciences, en décidant, sans discussion préalable, des questions graves et imprévues, commande de nouveaux efforts et leur fournit un sujet inattendu. Nos intérêts les plus chers sont maintenant compromis dans un procès où la liberté individuelle était déjà en cause, et où l'on vient de condamner par défaut la publicité nécessaire aux actes de la législation et aux débats judiciaires; dans de telles circonstances, tous les hommes que leur profession a voués à l'étude des lois, doivent se faire un devoir d'apporter dans le procès le tribut de leurs méditations et de leurs études.

Le jugement du tribunal de la Seine, peut être facilement analysé:

A l'égard des officiers de paix, il décide:

1°. Que les lois qui les ont institués sont encore en vigueur;

2°. Que les officiers de paix actuels remplissent les formalités attachées à leur organisation.

A l'égard des gendarmes, il décide qu'ils ont le droit d'arrêter les citoyens domiciliés, en cas de crime et même de délit, sans restreindre ce droit au flagrant délit.

Sur ces divers points, le tribunal s'est attaché à réfuter la doctrine au soutien de laquelle Me. Barthe avait prêté la dignité de son langage, et l'élévation de sa pensée ; du reste il ne dit pas un mot du système de défense légitime, présenté par Me. Dupin avec une logique si entraînante : est-ce indifférence sur le principe, ou aveu de sa justesse? Quoi qu'il en soit, l'accusation a été vaincue, et les paroles de l'orateur ont retenti si loin, qu'on ne saurait traiter de nouveau ce sujet, sans s'exposer à placer une pâle copie à côté d'un original plein de vie, ou à gâter par des développemens superflus les souvenirs gravés dans tous les esprits.

Nous nous bornerons donc aux points que le jugement a cru pouvoir aborder ; nous choisirons les mêmes bases que lui ; et, en démontrant toute leur faiblesse, nous dévoilerons toute l'irrégularité de la condamnation.

Les officiers de paix ont été créés par la loi du 29 septembre 1791, puis supprimés par la loi du 19 vendémiaire an IV, puis enfin rétablis par celle du 23 floréal suivant, qui contient toute l'indication de leurs pouvoirs et forme la base de leur institution.

C'est sur l'abrogation ou le maintien de cette loi que nous devons arrêter nos regards, et pour juger sainement cette question, il convient d'abord de se reporter au système de législation alors en vigueur, car les lois contemporaines se servent mutuellement de commentaire et d'explication.

Lors du rétablissement des officiers de paix, la législation criminelle venait d'être consignée dans le code des délits et des peines du 3 brumaire an IV, qui présentait un ensemble presque complet et plusieurs parties dignes d'éloges.

A cette époque, on aimait à insérer dans les lois des définitions propres à éclairer sur leur application ; de nos jours on a trop perdu cette habitude, qui, au milieu de quelques inconvéniens, offrait de grands avantages. Les dispositions particulières du code de brumaire sont ainsi accompagnées de plusieurs définitions que l'on doit regretter de ne plus voir dans le code de 1808, et qui renferment souvent des vues élevées et presque philosophiques. Parmi elles, nous citerons celle de la police ; elle se distingue par trop d'exactitude et de précision pour qu'il ne soit pas utile de la rapporter en entier.

« La police », dit l'article 16, « est instituée pour maintenir l'ordre public, la liberté, la propriété, la sûreté individuelle ».

« Son caractère principal est la vigilance ».

« La société, considérée en masse, est l'objet de sa sollicitude ».

« Elle se divise en police administrative et en police judiciaire ».

« La police administrative a pour objet le maintien habituel de l'ordre public dans chaque lieu et dans chaque partie de l'administration générale ».

« Elle tend principalement à prévenir les délits ».

« La police judiciaire recherche les délits que la police administrative n'a pas pu empêcher de commettre, en rassemble les preuves et en livre les auteurs aux tribunaux chargés par la loi de les punir ».

Ainsi la surveillance et le soin de prévenir les délits sont dans le domaine de la police administrative ; elle s'arrête dès que le délit a été commis. La recherche des coupables, leur *arrestation* appartiennent à la police judiciaire ; elle commence avec le délit.

Le code de brumaire ne s'occupe que de cette dernière; les commissaires de police, les gardes champêtres, les gardes forestiers, et enfin les juges de paix en remplissent les fonctions : les premiers sont préposés à la recherche de tous les délits du ressort du tribunal de simple police; les juges de paix sont chargés des autres instructions criminelles.

En toute espèce de délit (et sous cette expression générique, le code de brumaire embrasse toutes les infractions punies par les lois), il est permis aux différens officiers de police judiciaire de procéder à l'arrestation des délinquans, que le délit soit flagrant ou non. Les juges de paix délivrent les mandats et exercent des pouvoirs à peu près semblables à ceux de nos juges d'instruction actuels.

Tel était l'état de la législation sur cette matière, lorsque les officiers de paix ont été rétablis.

Leur institution concorde parfaitement avec le reste du système; un seul article règle leurs pouvoirs; il est ainsi conçu :

Les officiers de paix seront chargés de veiller à la tranquillité publique, de se porter dans les endroits où elle sera troublée, d'arrêter les délinquants et de les traduire devant le juge de paix.

Ils se trouvent ainsi investis de fonctions qui tiennent aux deux branches de la police indiquées plus haut : *Veiller à la tranquillité publique*, *se porter dans les lieux où elle sera troublée*, voilà pour le soin de prévenir les délits, pour la police administrative; *arrêter les délinquants, les traduire devant le juge de paix* chargé de l'instruction, voilà pour la recherche des délits; pour la police judiciaire.

Ils peuvent arrêter les délinquants sans exception, parce que tout officier de police judiciaire avait ce droit.

Cette loi aurait pu être rédigée en ces termes : *les officiers de paix exerceront les fonctions d'officiers de police judiciaire conformément au code des délits et des peines*; cette indication eut suffi pour leur conférer les mêmes pouvoirs.

C'est au milieu de cet état de choses que le code d'instruction criminelle de 1808 a été promulgué; il ne contient point d'abrogation expresse des lois antérieures, mais on ne saurait soutenir raisonnablement qu'il ne les ait pas détruites par le fait.

Il renferme un système complet d'organisation judiciaire en matière criminelle; rien n'y est omis, depuis l'origine de la poursuite jusqu'à son complément. L'ancien état de choses est changé; des innovations nombreuses sont adoptées; en un mot, la procédure criminelle s'assied sur des bases nouvelles.

Une loi générale, ainsi constituée pour tout l'état, attire à elle toutes celles qui l'ont précédée; si elles sont semblables, elles se trouvent confirmées; opposées, elles sont abolies. Ainsi tous nos codes ont détrôné les législations leurs aînées; les lois coutumières ont fait place au code civil; l'ordonnance de 1667 au code de procédure; celle de 1673 au code de commerce; ainsi les codes pénal et d'instruction criminelle ont renversé le code de brumaire an IV.

L'abrogation de ce dernier ne peut être douteuse; ses principales parties ont été modifiées. Les juges de paix ont vu leurs pouvoirs se resserrer, et les cours royales ont hérité des fonctions du jury d'accusation.

Par quel privilége, la loi de floréal an IV serait-elle seule restée debout, au milieu de ces abrogations générales? peut-on admettre que le code de 1808 aurait voulu démembrer son système, en laissant une de ses parties isolée dans une loi particulière, et qu'après avoir frappé de mort un code tout entier, il aurait laissé la vie à une disposition partielle qui faisait corps avec lui?

On le concevrait tout au plus s'il avait adopté le système de cette loi, mais elle est directement opposée à ses principes.

Ainsi qu'on l'a vu, elle contient deux dispositions; elle confère aux officiers de paix les attributions de la police judinaire, elle leur donne le droit général d'arrêter les délinquants.

Quelle est sur ces deux points, l'économie du code de 1808.

D'abord il prend le soin d'énumérer à part les officiers de police judiciaire, il y consacre un article exprès, tout autre que celui du code de brumaire an IV : sans doute, on ne le contestera pas, ses rédacteurs ont eu le projet de présenter une nomenclature complète ; ce soin était d'autant plus nécessaire, qu'il fallait distribuer les pouvoirs entre chacun, fixer la hiérarchie et établir les degrés de subordination ; or, le catalogue est nombreux : le code prend, partout où il le croit bon, les auxiliaires qu'il donne au ministère public. Dans l'ordre judiciaire, il choisit les juges d'instruction, les juges de paix, les procureurs du roi et leurs substituts. A l'autorité administrative, il emprunte plusieurs de ses fonctionnaires, et il ne parle nulle part des officiers de paix. Ce silence est une exclusion formelle : la disposition n'est pas énonciative, mais restrictive, et donner la police judiciaire aux officiers de paix, ce serait les doter d'un pouvoir qui leur a été refusé, et créer une fonction que le code n'a point établie.

D'un autre côté, suivant le code de 1808, le droit d'arrestation n'appartient au procureur du roi (art. 40), et par conséquent à ses auxiliaires, que dans le cas du flagrant délit-crime. Selon la loi de floréal, les officiers de paix *jouiraient* de ce droit dans tous les cas, ils exerceraient un pouvoir que le code ne reconnaît point, et les citoyens perdraient une garantie qu'il leur a donnée.

Avec le code de brumaire an IV, la loi de floréal sympathisait à merveille ; avec celui de 1808, son application ferait naître les bizarreries les plus choquantes. Les officiers de paix se trouveraient possesseurs de pouvoirs plus étendus que leurs supérieurs. Ils pourraient faire condamner à trois mois de prison, quiconque leur aurait refusé assistance (art. 6 de la loi de floréal), tandis que les préfets et les procureurs du roi verraient leurs ordres impunément méconnus.

Il est donc impossible de marier ces deux législations disparates, créées dans des principes différens, et séparées par une incompatibilité absolue.

Cette contrariété prouve que le code de 1808 a abrogé la loi de floréal, que les officiers de paix ont cessé d'exister comme officiers de police judiciaire, et qu'ils ont perdu le droit d'arrestation, qu'ils ne possédaient qu'en cette qualité (1).

Cette destitution, prononcée par la loi, a été mise à exécution par l'administration publique : l'abrogation de fait a suivi l'abrogation de droit : les emplois de la police judiciaire ayant été enlevés aux officiers de paix, ils ont été dépouillés aussitôt de tous les attributs qui s'y rattachaient.

Voyons en effet ce que devaient être et ce que sont devenus ces nouveaux alliés que le ministère public réclame aujourd'hui.

Tout fonctionnaire investi de droits sur la personne, l'honneur ou la fortune des citoyens, tout homme chargé d'un ministère de justice répressive, doit être environné, dans sa *nomination*, dans l'*exercice de ses fonctions*, dans ses *actes d'exécution*, d'une notoriété qui commande le respect, provoque l'obéissance et présente, en quelque sorte, l'image de la loi qui l'institue.

Le *costume* surtout est d'une grande énergie, et la loi lui re-

---

(1) Cette opinion paraît être celle de tous les jurisconsultes qui se sont occupés de notre législation criminelle. Aucun d'eux n'a rangé les officiers de paix parmi les officiers de police judiciaire. Les répertoires de MM. Merlin et Favard de Langlade, en donnant comme le code de 1808 la liste des officiers de police judiciaire, n'y comprennent pas non plus les officiers de paix, et, jusqu'au procès actuel, on n'avait pas songé que ce fut une omission.

connaît tant de pouvoir sur l'esprit des citoyens, qu'elle punit sévèrement (Code pénal, art. 259.) ceux qui se sont revêtus sans droit, des insignes attribuées aux divers emplois civils et militaires.

Ces principes n'avaient pas été méconnus dans l'institution des officiers de paix.

Ils devaient être nommés par le chef de l'état. *Arrêté du* 19 *nivôse an* VIII, *et non* 12 *messidor, comme le porte le jugement.*

A ce titre, ils étaient indiqués dans les recueils publics qui contiennent les actes du gouvernement. *V. Bulletin des lois*, n° 16. *Arrêté du* 8 *germinal an VIII*, n° 114.

Ils avaient un costume réglé de la manière suivante : habit bleu, collet et paremens écarlates; gilet, culotte ou pantalon rouges. Un galon d'argent au collet et au parement. Chapeau uni à la française, avec ganse d'argent, sans autre ornement. Boutons blancs unis, portant ces mots : *la paix.* Un sabre suspendu par une bandoulière de peau blanche. *Arrêté du* 19 *nivôse an* X.

Ils devaient porter pour marque distinctive un bâton blanc, avec ces mots gravés : *force à la loi* et, sur la pomme, la surveillance sous la forme d'un œil. *Loi du* 23 *floréal an* IV.

Ils devaient dire à celui qu'ils arrêtaient : *Je vous ordonne, au nom de la loi de me suivre devant le juge de paix. Même loi.*

Sans que la loi s'en expliquât, il fallait aussi qu'ils prêtassent serment. « C'est le serment, dit Loyseau (des offices, l. 1, chap. 4, n° 71), qui attribue et accomplit en l'officier, l'ordre, le grade, et, s'il faut ainsi parler, le caractère de son office et qui lui défère la puissance publique ».

Enfin, la loi portait à 24 le nombre des officiers de paix. Il était nécessaire que ce nombre ne fût point excédé, car tous ceux qui auraient été nommés au-delà, n'auraient possédé aucune autorité légale, et, s'il en eût existé, leur incapacité eût jeté l'incertitude sur les pouvoirs de tous.

Voilà ce qu'ils étaient selon la loi : que sont aujourd'hui, selon la police, les fonctionnaires qu'on appelle encore officiers de paix?

Ils ne reçoivent pas leur titre de la main du roi. Le jugement nous révèle l'existence d'une ordonnance du 25 février 1822, par laquelle le ministre de l'intérieur a, dit-on, été chargé de leur nomination, et que l'on oppose comme leur conférant une institution suffisante et régulière.

Ce moyen, adopté d'office par le tribunal, est directement contraire au système qu'il a cru devoir accueillir en même temps.

En effet, nous ne pensons point d'abord que le soin de nommer les officiers de paix, dévolu à la puissance royale, eût pu être délégué par elle à un ministre, si ces fonctionnaires eussent encore été attachés à la police judiciaire, et investis ainsi d'une véritable magistrature.

D'un autre côté, l'ordonnance dont le tribunal nous apprend pour la première fois l'existence, n'ayant jamais été publiée; n'ayant été insérée ni au Bulletin des lois, ni au Moniteur, n'a point le caractère légal qui lui serait nécessaire, s'il se fût agi de fonctionnaires investis de droits sur les citoyens.

En effet, les lois et les ordonnances ne sont exécutoires qu'après leur promulgation, et suivant l'ordonnance du 27 novembre 1816, *la promulgation résulte de l'insertion au Bulletin des lois.*

Il est évident que les citoyens ne peuvent être obligés que par un acte public et notoire; la règle de droit qui suppose à tous la connaissance des lois est assez rigoureuse et aveugle, sans qu'on l'applique à des dispositions ensevelies dans un impénétrable secret. « On ne saurait imaginer, dit M. Toullier, d'acte de tyrannie plus révoltante, que de punir un homme pour avoir désobéi à une loi dont il n'a ni connu, ni pu connaître l'existence et les dispositions ». *Droit civil français*, t. 1, p. 56.

Tout acte d'administration, loi, ordonnance ou réglement, contient des dispositions de divers genres; les devoirs qu'il impose sont presque toujours accompagnés de droits qu'il consacre. Il constitue une espèce de contrat où des obligations réciproques sont placées dans un équilibre plus ou moins juste. S'il s'agit d'un impôt, les formes de la perception et sa quotité sont fixées; s'il s'agit d'entraves apportées à la liberté, les cas sont précisés, les limites arrêtées, et, quelque dure que soit une décision du pouvoir, elle présente toujours un côté avantageux, quand ce ne serait que la borne devant laquelle on a bien voulu s'arrêter. Il faut donc de toute nécessité que la publicité la porte à l'oreille de ceux qu'elle concerne.

Ces principes ne peuvent être méconnus que pour les actes relatifs à l'administration intérieure et dont l'exécution n'importe ni à la liberté, ni à l'honneur des citoyens; mais ils ne sauraient l'être dans la nomination des fonctionnaires investis du droit de main-mise sur les citoyens. Il est nécessaire que ceux-ci connaissent et le pouvoir qui nomme et les nominations qui sont faites.

Voyez en effet où mènerait la sanction qui, avec le système du tribunal, serait accordée à l'ordonnance occulte de 1822.

Le citoyen savait qu'il devait obéissance aux officiers de paix nommés par le Roi; il n'a pas appris que ces fonctionnaires puisaient leur institution à une autre source. Un officier de paix veut l'arrêter; il demande qui lui a conféré son office; il apprend que ses pouvoirs n'émanent que du ministre; il ne se tient pas pour obligé : à ses yeux, la nomination est illégale, l'incapacité complète, l'arrestation arbitraire. Il résiste. Si la nomination est régulière, il sera coupable, suivant le ministère public. Elle ne peut être régulière qu'en vertu de l'ordonnance : le délit résultera donc d'un acte non exécutoire, non promulgué ; le citoyen sera puni d'une erreur inévitable. Telle est la conséquence rigoureuse de la sanction donnée par le tribunal à l'ordonnance rendue *incognito* le 25 février 1822.

Il est plus simple, plus régulier de juger de la nature de cette ordonnance par les formes qui l'ont accompagnée. On aura vu que les officiers de paix n'avaient plus de pouvoirs publics; que, placés dans la classe des employés secrets de l'autorité, ils n'avaient plus besoin d'être nommés par le Roi ; on n'a pas fait difficulté de déléguer le soin de les instituer au ministre de l'intérieur, dont le département embrasse la police, et non l'administration de la justice. On a jugé que cette délégation n'intéressait point les citoyens qui n'étaient plus soumis à la juridiction des officiers de paix, l'on s'est contenté d'un acte secret, non promulgué, revêtu seulement des formalités employées pour l'organisation intérieure des bureaux.

De cette manière, la forme de l'ordonnance se trouve justifiée, tandis qu'en lui attribuant la force que le tribunal lui a prêtée, il faudrait l'écarter du procès, comme privée du caractère exécutoire et des formes constitutionnelles. Il faut donc reconnaître en premier lieu que les officiers de paix ne sont point nommés comme la loi l'exigerait s'ils étaient encore officiers de police judiciaire.

Le droit de les nommer étant descendu du palais du Roi dans les bureaux du ministère, les recueils officiels, l'almanach royal, par exemple, ne sont point chargés de publier les noms de ces fonctionnaires.

Si du moins ils portaient le costume, on pourrait les retrouver encore ; mais ils ont perdu l'uniforme avec l'institution royale. Cependant, le Bulletin des lois ne contient aucun décret, aucune ordonnance qui ait abrogé l'arrêté du 19 nivôse an x, à moins, ce que personne ne peut savoir, que l'ordonnance du 25 février 1822, ou quelque autre également mystérieuse, ne l'ait aussi révoqué.

Suivant le jugement, les officiers de paix ont le bâton blanc, qu'ils doivent porter, et ils y ajoutent un large ruban blanc fleurdelysé, qu'ils portent *sous l'habit*.

Nous sommes sûrs que le tribunal a la conviction de la vérité de ces assertions; mais en avait-il la preuve? Aucun document n'a été fourni pendant les débats, aucune allégation de ce genre n'a même été faite par le ministère public.

Si ces formalités étaient toujours observées, il en eût été question dans les procès criminels où des agens de police ont été poursuivis pour crime d'arrestation arbitraire; mais jamais on n'en a rien dit.

On nous assure que dans les divers corps-de-garde de la capitale, l'ordre du jour ordonne de déférer aux réquisitions des agens de police porteurs d'une carte. S'ils avaient le bâton blanc et le ruban fleurdelysé, ne présenterait-on pas plutôt comme gages de leur autorité ces insignes établies par la loi?

Au surplus, il ne suffit point pour le vœu de la loi que les officiers de paix aient un bâton blanc dans leur poche et un ruban sous leur habit; il faut qu'ils l'exposent au jour. Que dirait-on d'un gendarme qui cacherait son uniforme sous une redingotte boutonnée? punirait-on, comme ayant porté illégalement une décoration, l'homme qui l'aurait placée sous son habit?

On se méprend sans cesse sur le but de l'institution des officiers de paix, et l'on soutiendra peut-être qu'ils ne doivent découvrir leurs insignes que quand ils procèdent à une arrestation. Ce serait les convertir en espions destinés à entendre sans être vus, à provoquer la confiance par un extérieur désintéressé. Tel n'est point l'esprit de la loi qui les institue; elle leur réserve un emploi plus noble. Si, ce qu'aucune loi n'autorise, il est nécessaire de placer au milieu de nous des observateurs muets ou même d'indiscrets questionneurs, si la confiance publique doit être livrée à cette inquisition perpétuelle, c'est à des subalternes sans titre officiel, sans caractère public, qu'appartiennent ces tristes emplois. Quant aux officiers de paix, préposés à la tranquillité publique, revêtus d'un ministère de conciliation et de douceur, appelés à profiter de l'ascendant que le peuple accorde à un homme grave et raisonnable, ils doivent remplir un rôle honorable, une véritable magistrature publique. Si la paix est troublée en quelque lieu, ils s'y présentent, ils opposent la loi aux passions, les conseils à la colère, la modération à la violence; tel est leur emploi, et certes les insignes publiques dont la loi les a couverts, loin de nuire à leurs efforts, doivent en hâter les résultats, en favoriser le succès.

Si donc ils ne les portent plus, on en doit conclure qu'ils ont perdu leur titre.

Quant aux formes exigées dans les arrestations, rien n'indique qu'elles soient observées. Le ministère public a même repoussé l'invocation à la loi, et le jugement les passe sous silence.

Nous voudrions éviter de parler du serment imposé nécessairement aux officiers de paix; il nous en coûte de relever une circonstance qui a excité autant de surprise que d'affliction.

Le tribunal s'est décidé sur ce point d'après des communications officieuses et nullement officielles, que le ministère public n'avait point annoncées et que le jugement seul a fait connaître.

La publicité exigée par la loi dans les débats judiciaires ne doit pas être entendue dans un sens restreint; il ne suffit point que les portes du prétoire aient été ouvertes pour qu'elle existe: il faut que tous les élémens de la discussion soient mis en lumière, que le public soit présent à tous les débats, pour que le suffrage dont il accompagnera les décrets de la justice soit éclairé et réfléchi. On ne songe point assez combien la publicité, que l'on semble redouter, contribue au maintien des lois et relève la dignité de la magistrature. Le juge, en présence de la foule assemblée, se constitue presque son organe, et quand ses décisions doivent avoir pour résultat de réprimer une atteinte à l'ordre public, il exerce un protectorat général, et devient le bienfaiteur du peuple. La publicité méconnue, les citoyens se croient privés d'une garantie; ils n'ont que trop de pente à plaindre l'accusé; ils le prennent pour une victime, et s'inquiètent des précautions employées afin d'empêcher des regards étrangers de pénétrer dans le sanctuaire.

Un accusé oppose pour sa justification l'absence d'une formalité qu'il juge nécessaire : l'accusateur, par son silence, semble s'avouer vaincu. Le public se retire avec une opinion formée sur ce qu'il a vu, mais bientôt la sentence lui révèle des faits qu'il n'a point connus, condamne une assertion qui n'a point été combattue, et fournit à l'accusation les argumens qui lui manquaient.

Assurément il y a lacune dans la publicité, il y a secret dans la procédure.

Mais si quelqu'un a droit de se plaindre, n'est-ce point le prévenu? A son égard, il n'y a pas seulement convenance dans la communication de toutes les pièces du procès, il y a obligation formelle; s'il n'a pas tout vu, tout examiné, il n'a pas eu moyen de se défendre, ses droits ont été entravés.

Comment donc a-t-on pu opposer à Mr Lambert des procès-verbaux de prestation de serment qu'il n'a jamais pu apprécier ni critiquer, et comment peut-il savoir ce qu'ils sont? Le jugement même ne donne point les détails qui seraient nécessaires. Où ces sermens sont-ils prêtés? en quels termes sont-ils conçus? à quoi obligent-ils? qu'interdisent-ils? On ne le sait pas : on ne peut pas le savoir.

Non; un fait ignoré du prévenu et de l'accusateur, tenu

dans le secret, non précisé, ne peut servir de base à une condamnation; et tant que des preuves plus régulières, plus complètes n'auront pas été produites, il sera permis d'écarter du procès l'allégation du serment prêté par les officiers de paix.

En tous cas, il paraît constant que le serment dont le tribunal fait mention n'est pas prêté publiquement, qu'il est reçu par une autorité dont la jurisdiction est occulte; cette nouvelle circonstance vient encore établir que les officiers de paix ont perdu tout pouvoir public.

Nous avons parlé en dernier lieu du nombre fixé par la loi de floréal, et cette circonstance, dont il n'a point été question aux débats, nous semble importante à préciser : nous en avons déjà donné le motif. La police réclame aujourd'hui un privilége exorbitant pour les officiers de paix; mais les agens placés sous ses ordres forment une population immense. Il convient de savoir pour qui stipule le ministère public, et à qui l'on veut offrir en réparation la condamnation provoquée contre Me Isambert. Il a parlé dans son article des *soi disant* officiers de paix; il faut savoir s'il n'en est point qui n'aient vraiment qu'un titre d'emprunt; si la loi de floréal a été exécutée sans prodigalité; si l'on n'a point dépassé le crédit qu'elle ouvrait sur la liberté individuelle. Quant à présent, aucune des formes prescrites par les lois n'ayant été observée, on peut, jusqu'à preuve contraire, douter que l'autorité ait eu plus de réserve sur ce point; et le nombre considérable des agens qui se qualifient d'officiers de paix donne assez à penser que ce soupçon n'a rien d'injuste.

En vain nous cherchons à retrouver les officiers de paix de la loi de floréal; nomination royale, costume, insignes, serment, restriction dans le nombre, tout a disparu; il est évident que l'on s'est attaché à détruire tous les caractères qui auraient pu rappeler leur existence et signaler leur origine. Il faut le dire, tous ces changemens ont eu lieu, parce que l'institution ellemême avait perdu ses principaux attributs. Sous l'empire et sous le Code de 1808, écartés de l'ordre judiciaire et relégués dans les rangs invisibles de l'administration, les officiers de paix étaient devenus de véritables suppôts de la police, inquiets, agissant, persécutant, parcourant les lieux publics pour écouter, profanant même l'intérieur des familles pour les trahir, et substituant les habitudes de la bourgeoisie, des classes inférieures, par fois même toute la recherche de la mode à l'habit bleu et à la culotte rouge de l'arrêté de nivose an x. Un régime absolu se prêtait à ces déguisemens, un régime libre les repousse. Sous l'empire de la Charte, tous les fonctionnaires publics doivent interroger la loi pour y trouver leurs règles de conduite et les bases de leurs attributions. Les citoyens ne peuvent reconnaître l'homme de la loi sous le costume de l'homme du monde, l'officier nommé par le Roi dans le commissaire pourvu par un ministre, le délégué de la police judiciaire dans l'agent révocable et subalterne de la police administrative.

Il faut donc le répéter, les officiers de paix n'existent plus comme officiers de police judiciaire ni pour la loi, ni pour les citoyens; leurs fonctions ont péri, et avec elles tous les signes qui pouvaient les faire reconnaître.

Que l'on conserve, si l'on veut, à ces fonctionnaires les pouvoirs de la police administrative; qu'ils concourent par leur surveillance au maintien de la sécurité publique; mais qu'il leur soit interdit d'exercer sur les citoyens des droits qui ne sont point les leurs, qu'ils ne fassent pas d'un ministère de protection et de bienveillance un instrument d'oppression et de tyrannie.

Que si l'on conteste l'abrogation des lois qui leur donnaient des pouvoirs plus étendus, nous demanderons qu'elles soient exécutées dans toutes leurs dispositions, que l'on ne veuille pas les faire survivre dans les seuls points où elles gênent la liberté, et détruire en même temps toutes les garanties qu'elles présentaient; jusques-là, nous pensons avec Me Isambert que les citoyens ne sont pas tenus d'obéir à des lois qui ne sont point exécutées par l'autorité qui les invoque.

Ces réflexions nous paraissent sans réplique : elles doivent frapper tous les esprits impartiaux et démontrent suffisamment l'erreur du jugement en ce qui touche les officiers de paix.

La discussion a été complète à l'égard des gendarmes. Il serait superflu de revenir sur la question qui les concerne; nous devons seulement relever encore une erreur commise par le tribunal.

Selon le jugement, les gendarmes pourraient arrêter les citoyens même domiciliés en cas de crime et de délit, sans qu'il soit indiqué que ce droit est restreint au flagrant délit.

L'ordonnance du 29 octobre 1820 combat formellement cette doctrine : l'art. 197 porte : « *hors le cas de flagrant délit* » *déterminé par les lois*, la gendarmerie ne peut arrêter aucun » individu, si ce n'est en vertu d'un ordre ou d'un mandat » délivré par l'autorité compétente. Tout officier, sous-offi- » cier ou gendarme, qui en contravention à cette disposi- » tion, donne, signe, exécute ou fait exécuter l'ordre d'arrêter » un individu, ou l'arrête effectivement, est poursuivi judi- » ciairement et puni comme coupable de détention arbitraire. »

Le flagrant délit déterminé par les lois est indiqué dans le Code d'instruction criminelle art. 40, et pour qu'aucune incertitude ne subsiste à cet égard, l'ordonnance prend soin d'ajouter cette disposition, art. 157 : « Toute infraction qui, par sa » nature, est seulement punissable de peines correctionnelles, » ne peut constituer un flagrant délit..... le flagrant délit doit » être un véritable crime, c'est-à-dire une infraction contre » laquelle une peine afflictive et infamante est prononcée. »

A la vérité, l'article 179 ajoute à ces dispositions, mais il ne statue que pour des cas exceptionnels, positivement déterminés et, hors ces cas, la règle générale exprimée dans les art. 297 et 157 doit être suivie ; autrement elle deviendrait sans objet et l'on pourrait traduire l'ordonnance par ces mots : les gendarmes ne pourront arrêter les citoyens que dans le cas de flagrant délit, cependant ils le pourront dans tous les cas.

Si l'ordonnance de 1820 a le sens que nous lui prêtons, si d'un autre côté, la loi de floréal est abrogée, que devient le jugement, que deviennent les théories du ministère public ? La Charte reprend toute sa force ; les citoyens ne pouvant être arrêtés que dans les cas prévus par la loi ne sont point à la disposition des gendarmes et des officiers de paix, et Me Isambert a pu exprimer cette vérité sans commettre un délit.

Ces principes posés, il ne reste plus qu'à appliquer les développemens si patriotiques exprimés par les habiles défenseurs qui se sont fait entendre au procès. Nous craindrions de les affaiblir en les reproduisant ; nous nous arrêtons à cette discussion de droit, sans parler des autres questions que le procès fait naître, de la bonne foi de Me Isambert, de la liberté de discussion sur des lois dont l'examen est un droit pour tout citoyen et un devoir pour le jurisconsulte ; nous avons seulement eu le dessein de traiter les points qui intéressent la liberté publique ; nous avons cherché à le faire, avec le calme qui appartient au bon droit, avec la simplicité qui accompagne la conviction et en maîtrisant les émotions qui pouvaient nous agiter en présence de si chers intérêts blessés par le jugement du tribunal de la Seine.

Délibéré à Paris, par l'avocat à la Cour royale soussigné, le 31 décembre 1826.

VIVIEN.

IMPRIMERIE DE A. CONIAM,
RUE DU FAUBOURG MONTMARTRE, N. 4.

2

www.ingramcontent.com/pod-product-compliance
Lightning Source LLC
LaVergne TN
LVHW020505230826
846091LV00008BA/3341
9782016194669